Dekorative Leuchtkugeln

Dekorative Leuchtkugeln sind teilbare Acrylkugeln, -herzen, -sterne oder auch -eier, die mit Strohseide beklebt und mit Lichterketten bestückt werden. So sind sie eine traumhaft schöne Beleuchtung für alle Jahreszeiten und in jedem Raum. Ob alt oder jung, für jeden wird dieses Bastelvergnügen zur Bastelsucht, denn es gibt immer einen Anlass einen lieben Menschen mit einem ausgefallenen Leuchtkugelgeschenk zu überraschen.

Lassen auch Sie sich anstecken vom Bastelfieber „Leuchtkugel" und versuchen Sie sich doch gleich mal am edlen Froschkönig, dem lustigen Zwergendorf, den Afrikaleuchten im Ethno-Stil oder einem anderem Modell, das es Ihnen besonders angetan hat.

Viel Spaß dabei wünscht

Karin Schwarz mit Ihrem Bastelteam

Karin Schwarz

IHRE GRUND-AUSSTATTUNG

Diese Materialien und Werkzeuge werden bei fast jedem der im Buch gezeigten Modelle benötigt. Sie sollten bereit liegen, denn sie werden in den Materiallisten nicht mehr einzeln aufgeführt.

- Embossingföhn
- Seitenschneider
- Spitz- oder Flachzange
- Serviettenkleber und -lack
- Synthetikpinsel
- Altpapier
- Heißkleber
- Schwamm
- Schere
- Alleskleber

Acrylformen

Teilbare Acrylformen sind bei zahlreichen Herstellern unter der Bezeichnung Acryl-, Plastik- oder Kunststoffartikel etc. erhältlich. Die Acrylartikel gibt es in verschiedenen Formen wie Kugel, Ei, Medaillon, Herz, Tropfen, Stern, Glocke, Baum u.s.w. sowie in unterschiedlichen Größen.

Lichterketten

Lichterketten sind überall und in verschiedenen Ausführungen erhältlich. Sie variieren in Farbe, Betriebsart, Anzahl der Lämpchen, Länge und dem Lichterabstand. Für die in diesem Buch gezeigten Modelle wurden meist weiße Lichterketten mit zehn oder 20 Lämpchen und einem Lichterabstand von 15 cm verwendet. Der Vorteil hierbei ist, dass nicht zu viel Kabel mit in die Formen gesteckt werden muss. Die meisten Ketten haben zudem einen Schalter, was das An- und Ausschalten bequemer macht.

So wird's gemacht

Öffnungen arbeiten

1 Bevor mit dem Gestalten der Acrylform begonnen wird, zunächst das Loch für die Lichterkette arbeiten. Dazu die teilbaren Acrylteile zusammenstecken. Mit einem Embossingföhn zuerst den Aufhänger der Acrylteile erhitzen und mit dem Seitenschneider abschneiden.

1

2 Danach so lange weiterföhnen, bis ein kleines Loch an der Schnittstelle entsteht. Sofort mit der Spitzzange eine saubere runde Öffnung, die ungefähr einen Durchmesser von 2 cm bis 3 cm hat, formen. Die Öffnung sollte groß genug sein, um später die Lichterkette einschieben zu können.

2

Hinweis: Die Öffnung sollte unbedingt der angegebenen Größe entsprechen, damit Sie die Kette auch noch nach dem Bebasteln der Formen entfernen und auswechseln können, wenn zum Beispiel ein Lämpchen durchbrennt.

Acrylformen bekleben

Servietten, Vlies, Bananen-, Mango- oder Seidenpapier in ca. 5 cm x 5 cm große Stücke reißen. Die einzelnen Stücke mithilfe eines Pinsels mit Serviettenkleber oder -lack einstreichen und auf die geschlossene Acrylform kleben. Die Papierstücke überlappend aufkleben. Dabei die Form eventuell an der Öffnung festhalten. Nach Bekleben die Form noch einmal komplett mit Serviettenkleber bzw. -lack bestreichen und zum Trocknen mit der Öffnung nach unten auf eine mit Altpapier abgedeckte Unterlage stellen.

Tipp: Wenn es schnell gehen soll, können Sie die beklebten Acrylformen mit einem Föhn trockenföhnen.

Lichterkette einstecken

Zuerst die Lichterkette auf Funktionsfähigkeit überprüfen. Dann mit dem ersten Lämpchen in der jeweils kleinsten Acrylform beginnend die Lämpchen der Lichterkette anteilmäßig verteilen. Dies ist besonders wichtig, da die Lämpchen mit der Zeit warm werden und die Acrylformen nicht zu heiß werden sollten. Als Richtwert dient folgende Angabe am Beispiel von Acrylkugeln:

2 Lämpchen für ø 6 cm
3 Lämpchen für ø 8 cm
5 Lämpchen für ø 10 cm
6 Lämpchen für ø 12 cm
8 Lämpchen für ø 14 cm
10 Lämpchen für ø 16 cm

Hinweis: Bei Lichterketten mit Batteriebetrieb oder LED-Leuchten entfällt die Angabe, da diese nicht warm werden.

Ei auf Sisalblume

→ in Frühlingsfarben

MOTIVGRÖSSE
ca. 19 cm hoch

MATERIAL
- Acrylei, 16 cm hoch
- Strohseide in Grasgrün, 50 cm x 35 cm
- 10er-Lichterkette oder Batterie-Mikrolichterkette in Transparent mit Schalter
- je 1 gefüllte Sisalblume in Orange, ø 30 cm, und Grün, ø 20 cm
- Feder in Orange
- 4 Stoffrosenköpfe in Orange, ø 3 cm
- Anturium in 2 x Gelb und 2 x Weiß
- Paillettenröschen in Grün und Orange, ø 2 cm
- doppelseitiges Klebeband, 1,5 cm breit

1 Die Aufhängung des Acryleis wie in der allgemeinen Anleitung auf Seite 2 und 3 beschrieben entfernen und die Öffnung arbeiten. Die Strohseide in Stücke reißen, mit Serviettenkleber bestreichen und das Ei damit bekleben. Dann mithilfe eines Pinsels das Ei noch einmal flächig mit Serviettenkleber bestreichen.

2 Nach dem Trocknen die Lämpchen der Lichterkette in die Öffnung stecken.

3 Die Blätter der Sisalblumen leicht nach oben biegen und aufeinanderkleben. Das Acrylei mit den Paillettenröschen bekleben. Dazu zurechtgeschnittenes doppelseitiges Klebeband verwenden. Das Ei mit Heißkleber auf die Sisalblumen kleben und zuletzt die Blumen und Federn gemäß Abbildung dekorativ anbringen.

Ostern rustikal

→ Eier auf Birkenrinde

MOTIVGRÖSSE
ca. 18,5 cm hoch

MATERIAL
- je 1 Acrylei, 14 cm, 12 cm und 10 cm hoch
- Strohseide in Terrakotta und Beige, je 50 cm x 15 cm
- Mangopapier, 50 cm x 25 cm
- 10er-Lichterkette in Transparent mit Schalter
- Gras
- 8 Federn in Weiß-Braun
- Osterhase aus Metall in Rost, ca. 15 cm hoch
- Birkenrindenschale, 20 cm x 35 cm
- kleine Äste

1 Die Aufhängungen der Acryleier wie in der allgemeinen Anleitung auf Seite 2 und 3 beschrieben entfernen und die Öffnungen arbeiten. Das kleine Ei mit Mangopapier, das mittlere Ei mit Strohseide in Terrakotta, das große Ei mit Strohseide in Beige bekleben. Dazu das Papier jeweils in Stücke reißen, mit Serviettenkleber bestreichen und die Eier damit bekleben. Dann mithilfe eines Pinsels die beklebten Eier noch einmal flächig mit Serviettenkleber bestreichen.

2 Nach dem Trocknen die Lämpchen der Lichterkette auf die Eier verteilen.

3 Den Metallhasen mit Heißkleber in eine Ecke, die zu einem Knoten gebundenen Äste in eine andere Ecke auf die Schale kleben. Das Gras in die Schale legen und die Eier beliebig anordnen. Zuletzt die Federn dazudekorieren und eventuell mit Alleskleber festkleben.

Tipp: Sie können die Acryleier zusätzlich mit etwas Heißkleber in der Schale fixieren.

Türgirlande mit Herz

Beschreibung auf Seite 10

MOTIV-GRÖSSE
ca. 90 cm x 60 cm

MATERIAL

- Acrylherzen, 2 x 14 cm und 3 x 10 cm hoch
- Strohseide in Rot, 50 cm x 70 cm
- 10er-Lichterkette in Grün (Lichterabstand ca. 25 cm)
- Silberdraht, ø 0,5 mm
- je ca. 40 Wachsperlen in Weiß, ø 6 mm und ø 8 mm
- ca. 10 Wachsperlen in Weiß, ø 1 cm
- Buchestab, ø 1 cm, 1 m lang
- 2 Blattgirlanden, 2 m lang
- Organzaband mit Drahtkante in Weiß und in Weiß mit Herzdruck, 4 cm breit, je 3 x 1 m lang
- Organzaband in Rot und Weiß, 1 cm breit, je 5 x 1 m lang
- Blumendraht in Grün

Türgirlande mit Herz

→ weckt Frühlingsgefühle

1 Die Öffnung wie in der allgemeinen Anleitung auf Seite 2 und 3 beschrieben mit dem Embossingföhn und einer Zange arbeiten. Beim Brennen der Öffnung darauf achten, dass der Aufhänger bei diesem Motiv nicht entfernt wird.

2 Die Strohseide in kleine Stücke reißen, mithilfe eines Pinsels mit Serviettenkleber oder –lack bestreichen und die Herzen damit bekleben. Die Formen sollten komplett beklebt sein, die Strohseidenstücke können sich dabei überlappen. Die Formen noch einmal mit Serviettenkleber oder –lack bestreichen und gut trocknen lassen. Die Lämpchen auf die Herzen verteilen.

3 Eine Blattgirlande in der Mitte beginnend um den Buchestab wickeln und mit Blumendraht fixieren. Das überstehende Ende lose nach unten hängen lassen. Die zweite Blattgirlande ebenso in die andere Richtung arbeiten. Die Wachsperlen, ø 6 mm und ø 8 mm, auf den Silberdraht auffädeln. Zum Fixieren, den Draht zweimal durch jede Perle führen. Den Draht mit den Perlen dann um die beiden großen Herzen wickeln. Eventuell zum Fixieren einzelne Wachsperlen mit Heißkleber auf den Herzen festkleben. Die Herzen gemäß Abbildung an den Aufhängern mit etwas Bindedraht an der Blattgirlande befestigen.

4 Aus den breiten Organzabändern in Weiß und Weiß mit Herzdruck drei Schleifen binden und gemäß Abbildung in der Mitte der Girlande und an den Seiten mit jeweils einem schmalen Band in Rot und Weiß befestigen. Jeweils ein weiteres Bandpaar aus je einem schmalen Band in Weiß und Rot auf jeder Seite hinter den kleinen Herzen anbringen. Mithilfe eines Stücks Silberdraht, das zu einer Öse geformt ist, die großen Wachsperlen über die schmalen Bänder schieben.

Tipp: Diese Girlande können Sie einem Brautpaar an die Haus- oder Wohnungstür binden. Sie eignet sich in den jeweiligen Farben gearbeitet natürlich auch als schöne Überraschung für silberne oder goldene Hochzeiten. Oder verwenden Sie Acryltannen, -sterne oder -glocken und arbeiten so eine wundervolle Weihnachtsgirlande.

Große Blume

→ im Topf

MOTIVGRÖSSE
ca. 1,10 m hoch

MATERIAL
Acrylkugeln, 1 x ø 10 cm und 2 x ø 6 cm

Holzstab, ø 1,5 cm, 1 m lang

Strohseide in Gelb, 50 cm x 30 cm

Sisal-Blumenmanschette in Orange mit Drahtenden, 1 x ø 20 cm (runde Blätter) und 2 x ø 18 cm (zackige Blätter)

- Sisalschmetterling in Grün, 7 cm lang
- Klebekrepp in Grün, 60 cm breit, 1 m lang
- Krepppapier in Grün
- 20er-Lichterkette in Weiß oder Transparent mit Schalter
- Terrakotta-Blumentopf, ø 18 cm
- Trockensteckziegel
- Kieselsteine

1 Die Aufhänger der Acrylkugeln entfernen und die Öffnungen arbeiten. Dann die Kugeln mit Strohseide bekleben.

2 Die Sisalblumen mit den Drähten am Holzstab befestigen. Die Kugeln mit Heißkleber an den Blumen fixieren. Die Lämpchen in die Kugeln stecken und das Kabel um den Holzstab wickeln. Den Schmetterling auf die große Blume kleben.

3 Das Klebekrepp um den mit dem Lichterkettenkabel umwickelten Holzstab und die Lämpchenfassungen kleben. Aus dem Krepppapier Blätter schneiden und jeweils zwei Stück um einzelne Lichter kleben. Den Trockensteckziegel in den Topf stecken, den Stab in den Ziegel stecken und mit Kieselsteinen beschweren.

Afrika

→ im Ethno-Look

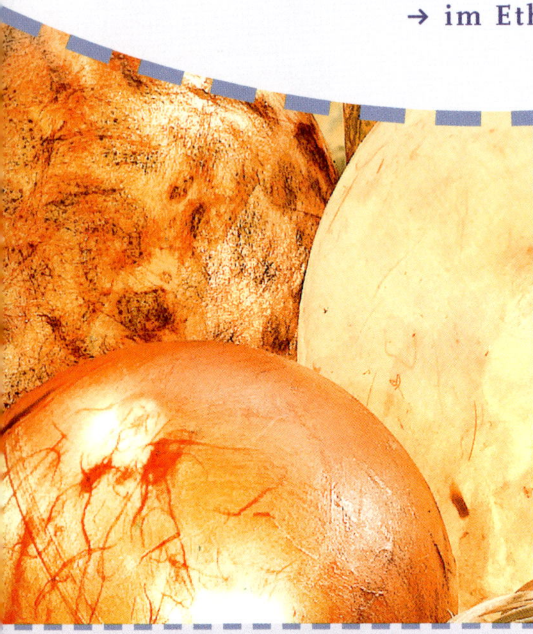

1 Die Kugeln wie in der allgemeinen Anleitung auf Seite 2 und 3 beschrieben vorbereiten. Dann die große Kugel mit Bananenblattpapier, die mittlere Kugel mit Leopardenvlies und die kleine Kugel mit Strohseide bekleben.

2 Die Kugeln trocknen lassen. Dann die Lämpchen der Lichterkette auf die Kugeln verteilt einstecken.

3 Die Kugeln in die Bananenblattschale legen und eventuell mit Heißkleber an der Schale und aneinander fixieren. Die Reedkugeln, die Federn und die Holzfigur wie in der Abbildung zu sehen dazudekorieren und eventuell ebenfalls mit Heißkleber fixieren.

MOTIVGRÖSSE
ca. 24 cm hoch

MATERIAL
- je 1 Acrylkugel, ø 14 cm, ø 12 cm und ø 10 cm
- Bananenblattpapier, 50 cm x 25 cm
- Vlies mit Leopardendruck, 25 cm x 50 cm
- Strohseide in Dunkelbraun, 50 cm x 15 cm
- 20er-Lichterkette in Weiß mit Schalter
- 2 Reedkugeln in Schwarz, ø 7 cm und ø 6 cm
- Reedkugel in Beige, ø 4 cm
- Federn in 6 x Schwarz und 4 x Weiß-Braun
- Holzfigur: Afrikanerin, ca. 22 cm hoch
- Bananenblattschale, 29 cm x 40 cm

Unter dem Meer

→ Seegirlande in Grün-Türkis

MOTIVGRÖSSE
ca. 2 m lang

MATERIAL

- Acrylkugeln, 3 x ø 8 cm und 2 x ø 6 cm
- Aludraht, ø 2 mm, 5 m lang
- Glasspaint in Türkis opak
- 10er-Lichterkette in Transparent mit Schalter
- 2 Muschelanhänger in Blau, ca. 7 cm breit, 7,5 cm hoch
- 2 Fischanhänger, ca. 13 cm breit, 16 cm hoch
- Bambuszweig, 2 m lang
- Blumendraht

1 Die Aufhängungen der Acrylkugeln wie in der allgemeinen Anleitung auf Seite 2 und 3 beschrieben mit dem Embossingföhn erhitzen und mit der Zange abschneiden. In zwei der großen Kugeln und in die beiden kleinen Kugeln jeweils oben und unten eine Öffnung arbeiten. In die andere große Kugel nur eine Öffnung brennen. Sie wird die unterste Kugel der Girlande.

2 Die Kugeln mithilfe eines Schwammes mit Glasspaint betupfen, trocknen lassen und den Vorgang wiederholen. Die Lichterkette im Wechsel durch die großen und kleinen Kugeln ziehen, so dass die Lämpchen anteilmäßig verteilt sind und eine Girlande entsteht.

3 Nun den Aludraht in fünf gleich lange Stücke schneiden und spiralförmig um die Kugeln und das Kabel legen. Den Bambuszweig um die Girlande drapieren und mit Blumendraht über der ersten Kugel und zwischen den Kugeln am Kabel der Lichterkette befestigen. Zuletzt die Fische und die Muscheln in die Zwischenräume unter den Kugeln anbringen.

Rosengirlande

→ Tisch- oder Wanddeko

MOTIVGRÖSSE
ca. 75 cm lang

MATERIAL

- 6 Acrylkugeln, ø 6 cm
- Glasspaint in Creme opak
- Serviette mit Rosenmotiv
- 6 x Klebemotiv in Gold: Schmetterling, ca. 2,5 cm hoch
- 20er-Mikrolichterkette in Transparent mit Schalter
- je 3 Tontöpfe, ø 5 cm und ø 3 cm
- 9 Schaumröschen in Lachs
- Rosenblattgirlande, ca. 1,50 m lang
- Satinband in Lachs, 4 cm breit, 2 m lang
- Juteband in Creme, 6 cm breit, 1,50 m lang
- Bindedraht in Grün, ø 0,35 mm
- 6 Holzperlen, ø 1 cm
- Sisalgras in Dunkelgrün
- Naturbast
- Holzwolle
- 3 Rundhölzer, ø 5 mm, je 50 cm lang

1 Die Acrylkugeln teilen. Mit dem Embossingföhn jeweils an einer Kugelhälfte die Aufhängung entfernen und wie in der allgemeinen Anleitung auf Seite 2 und 3 beschrieben ein kleines Loch einbrennen. Die Aufhängungen der anderen Kugelhälften bleiben erhalten. Die Kugeln wieder zusammensetzen.

2 Die Kugeln mithilfe eines Schwammes mit Glasspaint betupfen und trocknen lassen. Sechs Rosenmotive möglichst exakt aus der Serviette ausschneiden und jeweils die oberste, bedruckte Zellstofflage vorsichtig von den restlichen Schichten lösen. Die Kugeln mit Serviettenlack flächig einstreichen. Je ein Serviettenmotiv auf eine Kugel drücken, mit einem Pinsel nochmals mit Serviettenlack bestreichen und trocknen lassen.

3 Die Schmetterlinge aufkleben und die Mikrolichter auf die Kugeln verteilen. Die Rundhölzer mit Holzwolle und Bast umwickeln, danach das Juteband herumdrapieren. Jede Holzperle auf ein cirka 20 cm langes Stück Bindedraht aufziehen und am Drahtanfang fixieren. Die Drahtenden jeweils von innen durch einen Tontopf ziehen und den Draht mit Topf an das vorbereitete Gesteck binden. Drei der fertigen Kugeln mit Draht jeweils in einen der drei 5 cm großen Tontöpfe binden. Aus Organzaband zwei Schleifen binden und diese am Gesteck befestigen. Offene Lücken mit Sisalgras ausstopfen und die Röschen mit Heißkleber auf die Rosenblattgirlande kleben.

Tipp: Dieses Modell kann als Wandbehang oder Tischgesteck verwendet werden.

Froschkönig

→ Herr der Leuchtkugeln

MOTIVGRÖSSE
ca. 32 cm hoch

MATERIAL

- je 1 Acrylkugel, ø 14 cm, ø 12 cm, ø 10 cm und ø 8 cm
- Strohseide in Natur, 25 cm x 50 cm, Hellgrün, 20 cm x 50 cm, Grasgrün, 15 cm x 50 cm, und Dunkelgrün, 10 cm x 50 cm
- Folienkleber
- Metallicfolie in Gold
- 20er-Lichterkette in Weiß mit Schalter
- Keramik-Froschkönig auf Kugel, ca. 10 cm hoch
- 3 Metallkrönchen in Gold
- Trockensteckziegel
- Moos
- Gras
- je 3 Reedkugeln in Hellgrün und Dunkelgrün, ø 3 cm
- Bananenblattteller, ø 25 cm

1 Die Aufhängungen der Acrylkugeln wie in der allgemeinen Anleitung auf Seite 2 und 3 beschrieben mithilfe des Embossingföhns und einer Zange entfernen und in jede Kugel ein kleines Loch einbrennen.

2 Die Kugel, ø 8 cm, mit Strohseide in Dunkelgrün, die Kugel, ø 10 cm, mit Strohseide in Grasgrün, die Kugel, ø 12 cm, mit Strohseide in Hellgrün und die Kugel, ø 14 cm, mit Strohseide in Natur bekleben und trocknen lassen. Die große Kugel nach dem Trocknen ungleichmäßig mit Folienkleber bestreichen und die Metallicfolie mit der hellen Rückseite nach unten auflegen, gut andrücken und wieder abziehen.

3 Die Leuchtbirnen auf die Kugeln verteilen. Den Trockensteckziegel mit Heißkleber in den Teller kleben und mit Moos, Gras, dem Froschkönig, den Acrylkugeln, den Kronen und den Reedkugeln gemäß Abbildung dekorieren.

Kürbisgesteck

→ gruselige Halloween-Deko

MOTIVGRÖSSE
ca. 40 cm hoch

MATERIAL
- Acrylkugel, ø 16 cm
- Strohseide in Orange, 30 cm x 50 cm
- 10er-Lichterkette in Weiß mit Schalter
- Sisalgras in Dunkelgrün
- Silberdraht, ø 0,5 mm
- Holzhalbperle, ø 3 cm
- Lackmalstifte in Weiß und Schwarz
- Bleistift
- Rosentopf, ø 13 cm, 16 cm hoch
- Trockensteckziegel
- Reedkranz, ca. 25 cm lang
- Plattenmoos
- Mageritenbusch in Gelb-Orange
- Herbstband in Orange mit Kürbisdruck, 4 mm breit, 1,50 m lang
- Kranznadeln
- Trauben in Blau
- Zieräpfel, ø ca. 2,5 cm
- Zierkürbis, ca. 4 cm hoch
- Herbstblätter
- Maiskolben

1 Die Aufhängung an der Acrylkugel wie in der allgemeinen Anleitung auf Seite 2 und 3 beschrieben entfernen und eine Öffnung einarbeiten. Die Kugel mit Strohseide bekleben und nach dem Trocknen die Lichterkette in die Kugel schieben.

2 Mit Bleistift frei Hand ein Gesicht vorzeichnen und mit den Lackmalstiften ausmalen. Aus Sisalgras und Silberdraht einen Kürbisstiel modellieren und mit Heißkleber auf den Kopf kleben.

3 Den Trockensteckziegel so in den Rosentopf drücken, dass er etwa 5 cm über den Topfrand herausragt. Mit Heißkleber den Ziegel mit Plattenmoos bekleben. Den Reedkranz auf den Topfrand kleben. Nun um die Öffnung der Acrylkugel mit Heißkleber drei Kranznadeln befestigen. Den Kürbis nun mit den Spitzen nach unten in den vorbereiteten Steckziegel stecken, danach mit dem Band und den restlichen Dekoteilen ausschmücken.

Fliegenpilze

→ gar nicht giftig

MOTIVGRÖSSE
ca. 20 cm hoch

MATERIAL
- 5 Acryleier, ø 8 cm
- 5 halbe Acrylkugeln, ø 6 cm
- Mobilefolie, 0,4 mm stark, 35 cm x 10 cm
- Strohseide in Natur, 40 cm x 50 cm, und Rot, 20 cm x 50 cm
- Plusterstift in Weiß
- 10er-Lichterkette in Weiß mit Schalter
- Zinktablett, ø 33 cm
- Vogel aus Naturmaterial, ca. 7 cm hoch
- Rebenwurzel
- Moos
- Gras
- Kieselsteine
- Kreisschneider

1 Mit dem Embossingföhn die Aufhängungen der Acryleier entfernen und wie in der allgemeinen Anleitung auf Seite 2 und 3 beschrieben an den Unterseiten ein kleines Loch einbrennen. Die Aufhängungen der Kugelhälften ebenfalls entfernen.

2 Die Strohseide in Natur in kleine Stücke reißen, mithilfe eines Pinsels mit Serviettenlack bestreichen und die Eier damit bekleben. Die Formen sollten komplett beklebt sein, die Strohseidenstücke können sich dabei überlappen. Die Eier mit den aufgeklebten Strohseidenstücken noch einmal mit Serviettenlack bestreichen und gut trocknen lassen.

3 Aus Mobilefolie mithilfe des Kreisschneiders fünf Kreise, ø 6 cm, schneiden und mit Strohseide in Rot bekleben. Überstehende Strohseide abschneiden. Die Mobilefolienscheiben in die halben Acrylkugeln legen. Die Acrylkugelhälften mit Heißkleber auf die Spitzen der Acryleier kleben. Mit weißem Plusterstift kleine Punkte auf den Pilzhut tupfen.

4 Die Lichterkette in die Pilze stecken. Das Zinktablett gemäß Abbildung mit dem Dekomaterial und den Pilzen füllen.

Tipp: An Sylvester können Sie die Pilze auch ohne Zinktablett als Tischdekoration verwenden.

Leuchtkugeln mit Struktur

→ leuchten intensiv

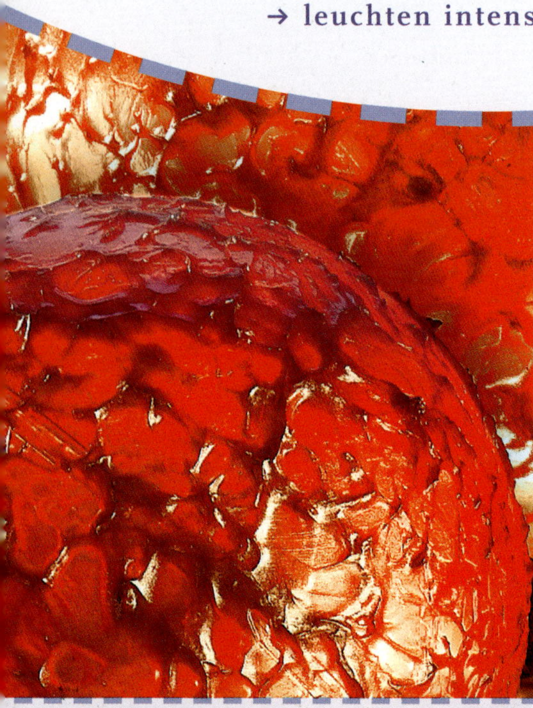

MOTIVGRÖSSE
ca. 18 cm hoch

MATERIAL
- je 1 Acrylkugel, ø 16 cm, ø 14 cm und ø 12 cm
- 20er-Lichterkette in Weiß mit Schalter
- Kristallgel in Goldorange-Metallic
- Spachtel
- Efeugirlande, 1,20 m lang
- Glas- oder Kunststoffteller in Creme oder Gold

1 Mit dem Embossingföhn und der Zange die Aufhängungen an den Acrylkugeln entfernen und wie in der allgemeinen Anleitung auf Seite 2 und 3 beschrieben jeweils ein kleines Loch einbrennen.

2 Die Kugeln mithilfe des Spachtels rundherum mit dem Kristallgel bestreichen und Unebenheiten modellieren. Nach dem Trocknen die Lämpchen der Lichterkette auf die Kugeln verteilt einstecken.

3 Die Kugeln auf den Teller legen und die Efeugirlande kunstvoll herumdrapieren. Die Kugeln eventuell mit Heißkleber auf dem Teller fixieren.

Tipp: Dieses Modell kann für jede Jahreszeit beliebig variiert werden. Schmücken Sie den Teller mit Blättern, Blumen, Tannenzweigen, Dekogranulat, Muscheln und vielem mehr und bemalen Sie die Kugeln in verschiedenen Farben. Auch die Größe und Anzahl der Kugeln können Sie ganz nach Ihren Vorlieben variieren.

Zwergendorf

→ putzige Szenerie

MOTIVGRÖSSE

40 cm x 20 cm x 30 cm

MATERIAL

- je 1 Acrylkugel, ø 16 cm, ø 12 cm und ø 8 cm
- Strohseide in Natur, 50 cm x 70 cm
- 20er-Lichterkette in Weiß mit Schalter
- Filz in Rot, 3 mm stark, 50 cm x 20 cm
- Tacky Tape, 1,5 cm breit
- Holz-Dekorahmen, 30 cm x 40 cm
- Acrylfarbe in Russischgrün
- Holzgartenzaun in Natur, 15 cm breit, 5 cm hoch
- Holzbank, ca. 5 cm hoch
- Zinkgießkanne
- Gartengeräte
- 6 Keramikkarotten, 3 cm lang
- kleine Sonnenblumen
- Moos
- Trockensteckziegel
- Acrylfarbe in Maisgelb
- wasserfester Stift in Schwarz
- Tacky Tape, 2,8 cm breit
- feiner Dekosand in Natur
- Keramikfigur: Zwerg, ca. 12 cm hoch

Zwergendorf

1 Mit dem Embossingföhn bei den einzelnen Kugeln jeweils die Aufhängung entfernen und wie in der allgemeinen Anleitung auf Seite 2 und 3 beschrieben ein kleines Loch einbrennen. Die Leuchtkugeln mit Strohseide in Natur bekleben. Dazu die Kugeln mit Serviettenkleber oder -lack bestreichen, in kleine Stücke gerissene Strohseide aufkleben, nochmals mit Serviettenkleber bzw. -lack bestreichen und trocknen lassen.

2 Aus Filz drei Kreise, 2 x ø 11 cm und 1 x ø 13 cm, schneiden und als Hausdach mit Tacky Tape auf die Kugeln kleben. Die Türen und Fenster mit dem schwarzen Stift aufmalen. Nach dem Trocknen die Lichterkette einstecken.

3 Den Rand des Dekorahmens mit Acrylfarbe in Russischgrün bestreichen. Mit Tacky Tape einen Weg auf den Dekorahmen kleben und mit feinem Dekosand bestreuen. Aus dem Trockensteckziegel ein kleines Feld ausschneiden, mit Acrylfarbe in Maisgelb betupfen, mit einem spitzen Gegenstand kleine Rillen einritzen, die Karotten einstecken und das Feld dann in die vordere linke Ecke des Dekorahmens kleben. Den Rest des Dekorahmens mit Moos auslegen. Die Kugeln platzieren und mit Heißkleber auf das Moos kleben.

4 Das Feld mit einem Zaun abstecken. In die vordere rechte Ecke ebenfalls ein kleines Zaunstück und ein paar Blumen stecken. In der linken hinteren Ecke mit dem Zaun ein kleines Blumenbeet abstecken. Hier zusätzliches Moos auflegen und die Blumen einstecken. Zuletzt die Holzbank, den Zwerg, die Gartengeräte und die Gießkanne ergänzen.

Schneemann

Beschreibung auf Seite 30

Schneemann

→ (nicht) zum Dahinschmelzen

MOTIVGRÖSSE
ca. 50 cm hoch

MATERIAL

- je 1 Acrylkugel, ø 16 cm, ø 14 cm und ø 10 cm
- Strohseide in Weiß, 50 cm x 70 cm
- 20er-Lichterkette in Weiß mit Schalter
- Serviettenlack in Glitter irisierend
- Kunststoffzylinder, ca. 9 cm hoch
- Strickschlauch in Rot, 3 cm breit, 50 cm lang
- Holzperlen in Schwarz, 2 x ø 1 cm und 6 x ø 8 mm
- 3 Knöpfe in Schwarz, ø 1,5 cm
- Karotte, 7 cm lang
- Reisigbesen, 27 cm lang

1 Mit dem Embossingföhn bei den einzelnen Kugeln jeweils die Aufhängung entfernen und wie in der allgemeinen Anleitung auf Seite 2 und 3 beschrieben ein kleines Loch einbrennen. Bei den beiden großen Kugeln darauf achten, dass oben und unten Löcher eingebrannt werden müssen, da hier die Lichterkette durchgefädelt wird.

2 Die Strohseide in kleine Stücke reißen, mithilfe eines Pinsels mit dem Serviettenlack bestreichen und die Kugeln damit bekleben. Die Formen sollten komplett beklebt sein, die Strohseidenstücke können sich dabei überlappen. Die Formen mit den aufgeklebten Strohseidenstücken noch einmal mit Serviettenlack bestreichen und gut trocknen lassen.

3 Die Lämpchen der Lichterkette auf die Kugeln verteilen. Darauf achten, dass mit der kleinsten Kugel begonnen wird und die Lichterkette dann durch die jeweils nächst größere Kugel gefädelt wird. Alle Kugeln gemäß Abbildung mit Heißkleber zusammenkleben.

4 Den Zylinder mit Heißkleber auf die oberste Kugel kleben. Die großen Holzperlen als Augen und die kleinen Holzperlen als Mund, die Karotte als Nase und das Grünzeug der Karotte auf den Zylinderrand kleben. Den Reisigbesen fixieren und den Strickschlauch als Schal um den Hals binden.

Tipp: Damit der Schneemann auf einem festen Grund steht, können Sie mit dem Embossingföhn in einen Styroporklotz, ca. 25 cm x 25 cm x 10 cm, ein Loch, ø 7 cm, brennen. Fädeln Sie dann den Stecker der Lichterkette durch und passen Sie den Schneemann ein. Bearbeiten Sie den Klotz weiter mit dem Föhn, bis er wie ein Schneehügel aussieht.

Kugeln im Glas

Beschreibung auf Seite 32

MOTIVGRÖSSE
ca. 1,20 m hoch

MATERIAL
- 6 Acrylkugeln, ø 8 cm
- Strohseide in Natur und Beige, je 20 cm x 50 cm
- Mangopapier, 20 cm x 50 cm
- 20er-Lichterkette in Weiß mit Schalter
- Reedkugeln in 2 x Braun, 1 x Beige und 1 x Orange, je ø 7 cm
- Granulat in Orange
- Glasvase, ø 15 cm, 40 cm hoch
- 5 Pangrasstäbe in Orange, 60 cm bis 80 cm lang
- 5 Curlgrasstäbe in Natur, ca. 70 cm lang

Kugeln im Glas

→ einfach & schick

1 Die Kugeln wie in der allgemeinen Anleitung beschrieben vorbereiten. Die Papiere in Stücke reißen und die Kugeln mit unterschiedlichen Papieren bekleben. Trocknen lassen.

2 Die Lämpchen der Lichterkette auf die Reedkugeln und die Acrylkugeln verteilen und einstecken bzw. füllen. Darauf achten, dass mit der ersten Leuchtbirne begonnen wird, damit der Schalter am Ende hinter Pan- und Curlgras versteckt werden kann. Das Granulat in die Vase füllen. Die Vase im Wechsel mit Reedkugeln und Leuchtkugeln füllen. Zuletzt die Gräser einstecken.

Danksagung: Für die tatkräftige Unterstützung bei dem vorliegenden Buch möchte ich mich recht herzlich bei meinem Team, Monika Agne, Philipp Tretter, Katrin Strassel, Sabine Stegner, Ann-Katrin Schwarz und bei meinem Mann Thomas bedanken.

IMPRESSUM

FOTOS: frechverlag GmbH, 70499 Stuttgart; Fotostudio Ullrich & Co., Renningen
DRUCK: frechdruck GmbH, 70499 Stuttgart

Auflage: 5. 4. 3. 2. 1.
Jahr: 2011 2010 2009 2008 2007 [Letzte Zahlen maßgebend]

ISBN 978-3-7724-3639-0
Best.-Nr. 3639